T0397043

Clima
de invierno
Julie Murray

Abdo Kids Junior es una
subdivisión de Abdo Kids
abdobooks.com

Abdo
LAS ESTACIONES:
¡LLEGA EL INVIERNO!
Kids

abdobooks.com

Published by Abdo Kids, a division of ABDO, P.O. Box 398166, Minneapolis, Minnesota 55439.
Copyright © 2024 by Abdo Consulting Group, Inc. International copyrights reserved in all countries.
No part of this book may be reproduced in any form without written permission from the publisher.
Abdo Kids Junior™ is a trademark and logo of Abdo Kids.

102023

012024

THIS BOOK CONTAINS RECYCLED MATERIALS

Spanish Translator: Maria Puchol

Photo Credits: iStock, Media Bakery, Shutterstock

Production Contributors: Teddy Borth, Jennie Forsberg, Grace Hansen

Design Contributors: Candice Keimig, Pakou Moua

Library of Congress Control Number: 2023939986

Publisher's Cataloging-in-Publication Data

Names: Murray, Julie, author.

Title: Clima de invierno/ by Julie Murray

Other title: Winter weather. Spanish

Description: Minneapolis, Minnesota: Abdo Kids, 2024. | Series: Las estaciones: ¡Llega el invierno! |
    Includes online resources and index

Identifiers: ISBN 9781098269807 (lib.bdg.) | ISBN 9798384900368 (ebook)

Subjects: LCSH: Winter--Juvenile literature. | Weather--Juvenile literature. | Cold weather conditions--
    Juvenile literature. | Seasons--Juvenile literature. | Spanish Language Materials--Juvenile literature.

Classification: DDC 525.5--dc23

Contenido

Clima de invierno 4

Más clima
de invierno 22

Glosario 23

Índice 24

Código Abdo Kids . . .24

Clima de invierno

¡A Nora le encanta el clima de invierno!

Puede estar nevado.

Emma ayuda a quitar

la nieve.

Puede hacer frío y viento.

Milly lleva un gorro y

una bufanda.

Puede estar soleado.

Lexi lleva gafas de sol.

Puede haber hielo.

Jon patina en la pista

de hielo.

Puede estar **neblinoso**.

Es difícil ver con niebla.

Puede estar oscuro y nublado.

Puede haber **ventiscas**.

Matt no se quita el pijama

en todo el día.

¿Qué clima de invierno

hay donde tú vives?

Más clima de invierno

con aguanieve

cubierto de escarcha

un frío gélido

lluvioso

Glosario

cubierto de niebla. La niebla está
hecha de gotas de agua flotando
en el aire cerca del suelo, lo que
dificulta la visibilidad.

tormenta fuerte de nieve y viento
que dura mucho tiempo.

Índice

frío 8

hielo 12

niebla 14

nieve 6

nubes 16

oscuro 16

sol 10

ventisca 18

viento 8

Abdo Kids
ONLINE
FREE! ONLINE MULTIMEDIA RESOURCES

¡Visita nuestra página **abdokids.com** y usa este código para tener acceso a juegos, manualidades, videos y mucho más!

Los recursos de internet están en inglés.

Usa este código Abdo Kids

SWK7113

¡o escanea este código QR!